ACERCA DEL AUTOR

Miguel Ángel Cornejo es un prestigiado conferencista que ha convocado a miles de personas para escuchar sus conceptos sobre la Excelencia del ser humano. Egresado del Instituto Politécnico Nacional, ha ejercido como consultor de empresas en Alta Dirección, dentro de las áreas de Productividad, Liderazgo y Dirección. Su destreza como conferencista y habilidoso investigador lo han llevado a recorrer el mundo. En muchos países ha obtenido incontables e importantes distinciones. Entre sus logros se hallan el haber agotado las localidades del Auditorio Nacional de México y colmado el estadio Vicente Calderón, en España, con una capacidad para 40 000 personas. Es fundador del Colegio de Graduados en Alta Dirección, en donde se forma a los futuros líderes de Excelencia. Asimismo, es autor de 25 libros, entre los que se encuentra *Todos los secretos de la Excelencia* (Grijalbo, 1995).

EL SER
EXCELENTE

Usted puede lograrlo...
sólo acepte los 13 retos de la Excelencia

MIGUEL ÁNGEL CORNEJO

EL SER
EXCELENTE

Usted puede lograrlo...
sólo acepte los 13 retos de la Excelencia

grijalbo

EL SER EXCELENTE
Usted puede lograrlo... sólo acepte los 13 retos de la excelencia

© 1990, Miguel Ángel Cornejo

D. R. © 1996 por EDITORIAL GRIJALBO, S.A. DE C.V.
    Calz. San Bartolo Naucalpan núm. 282
    Argentina Poniente 11230
    Miguel Hidalgo, México, D.F.

Este libro no puede ser reproducido,
total o parcialmente,
sin autorización escrita del editor.

ISBN 970-05-0657-6

IMPRESO EN MÉXICO

El llamado a la Excelencia *es una vocación universal. Todos los seres humanos tenemos un sublime compromiso con el creador: la realización plena de nuestro ser; por ello dedico estas líneas a todos aquellos hombres y mujeres que están desafiando sus propias limitaciones y que día a día luchan por lograr su total plenitud. A ellos, a los forjadores de un mundo superior, a los que trascienden a su tiempo, mi admiración y respeto.*

*"Los mediocres lo aceptan todo,
menos salir de su mediocridad."*

MIGUEL ÁNGEL CORNEJO Y ROSADO

El éxito consiste en:

Reír con frecuencia y mucho.
Merecer el respeto de personas inteligentes
y el afecto de los niños;
ganar el reconocimiento
de los críticos honestos
y soportar la traición de los falsos amigos;
gozar de la belleza;
descubrir lo positivo de los demás;
hacer un poco mejor al mundo,
dejando detrás de ti a un hijo bueno
o un jardín cultivado,
o bien porque ayudaste a un pobre;
saber que no viviste en vano
y que gracias a ti
una persona pudo respirar
con más tranquilidad.
Esto es haber triunfado.

BESSIE ANDERSON

Índice

Presentación 15

I. Ser excelente es hacer las cosas, no buscar razones para demostrar que no se pueden hacer 21
II. Ser excelente es comprender que la vida no es algo que se nos da hecho, sino que tenemos que producir las oportunidades para alcanzar el éxito 29
III. Ser excelente es comprender que con una férrea disciplina es factible forjar un carácter de triunfador 37
IV. Ser excelente es trazarse un plan y lograr los objetivos deseados a pesar de todas las circunstancias 43
V. Ser excelente es saber decir "me equivoqué" y proponerse a no cometer el mismo error . 49
VI. Ser excelente es levantarse cada vez que se fracasa con un espíritu de aprendizaje y superación 55

VII. Ser excelente es reclamarnos a nosotros mismos el desarrollo pleno de nuestras potencialidades buscando incansablemente la realización 61
VIII. Ser excelente es entender que a través del privilegio diario de nuestro trabajo podemos alcanzar la realización 71
IX. Ser excelente es crear algo: un sistema, un puesto, una empresa, un hogar y una vida 79
X. Ser excelente es ejercer nuestra libertad y ser responsable de cada una de nuestras acciones 87
XI. Ser excelente es sentirse ofendido y lanzarse a la acción en contra de la pobreza, la calumnia y la injusticia 95
XII. Ser excelente es levantar los ojos de la tierra, elevar el espíritu y soñar con lograr lo imposible 105
XIII. Ser excelente es trascender a nuestro tiempo legando a las futuras generaciones un mundo mejor 111

Una metáfora final: Y Dios preguntó al hombre 117

Presentación

Todos los seres humanos deseamos tener éxito en la vida, desarrollar toda la potencialidad que está en nosotros. Estoy convencido de que todos en alguna forma deseamos ser mejores porque tenemos potencialidades que, estamos seguros, aún no las hemos desarrollado en su máxima expresión y están ahí dormidas esperando un estímulo para despertar y mostrar toda su grandeza.

Los seres humanos sintetizamos el más grande misterio de la creación, que es la perfección de nuestro organismo con sus 12 mil millones de células cerebrales, con la flexibilidad de nuestros músculos, la plasticidad y lo pragmático de nuestros movimientos, la resistencia de nuestra estructura ósea, que desplaza proporcionalmente to-

*"Todos los seres humanos hemos recibido la misma opción para realizarnos.
La gran diferencia la marcan aquellos pocos que se han decidido a emplearse a fondo para lograr lo que desean."*

neladas por centímetro cuadrado; nuestra potencialidad visual que, con los ajustes automáticos del iris de nuestros ojos, se adapta micrométricamente a los cambios de luz; y la máxima de las incógnitas: nuestro cerebro, centro motriz y de mando de todo nuestro cuerpo, la voluntad y la fe, misterios aún no descifrados.

Imagine por un momento que como padre de familia le da a su hijo lo mejor: educación, alimentación, medios, oportunidades, etcétera, y después de darle todo, éste le resultara mediocre. Como padre se sentiría seguramente frustrado y decepcionado. Imagine ahora cómo se sentirá Dios, con tanto mediocre, ya que nos ha dado todo para ser triunfadores; lo mismo se desgasta un ser humano para triunfar que para ser un fracasado; utilizamos la mejor y más perfecta invención sobre la faz de la Tierra para autodestruirnos o para destruir a los demás.

Todos los seres humanos hemos recibido la misma opción para realizarnos. La gran diferencia la marcan aquellos pocos que se han decidido a emplearse a fondo para lograr lo que desean.

El doctor Donald Forman, director de Bioquímica de Evanston, ha determinado el valor comercial de un ser humano si se le extrajera su contenido de proteínas, grasas, minerales, vitaminas y carbohidratos. Nuestro precio, según las cotizaciones internacionales, sería de 5.60 dólares.

Entonces, si todos los seres humanos valemos lo mismo en cuanto a contenido, ¿cuál es la diferencia entre un premio Nobel y un narcotraficante, entre un líder de la libertad y un dictador? La diferencia es cómo utilizó cada quien su cerebro y cómo orientó sus potencialidades, y esa fuerza que se llama espíritu de realización ha hecho que existan personajes en la historia que no tienen precio por los incalculables beneficios que han aportado a la humanidad.

Usted puede ser excelente: posee todo para lograrlo. El llamado a la Excelencia es un llamado universal, ya que nadie fue creado para ser un mediocre; lo que se requiere es su decisión personal para lograrlo. A continuación sintetizaré las actitudes que caracterizan a los seres excelentes, las cuales han sido el resultado de observar y entrevistar a líderes de

Excelencia, tanto en el campo de los negocios, las artes, el medio artístico y el político.

Estas investigaciones nos han ocupado los últimos 20 años y nos han llevado a más de 40 países; ahí donde está un líder de Excelencia, le hemos ido a preguntar el secreto que guarda para haber llegado a ser extraordinario. Éstos son los 13 retos de la Excelencia.

I
Ser excelente es hacer las cosas, no buscar razones para demostrar que no se pueden hacer

*"El fracaso tiene mil excusas,
el éxito no requiere explicación."*

El fracaso tiene mil excusas, el éxito no requiere explicación. Cada vez que no logramos algo siempre tenemos una magnífica disculpa; el mediocre busca instintivamente una justificación para su fracaso y, por supuesto, siempre juega el papel de víctima. Estoy convencido de que en este país no somos católicos, sino más bien adoradores de Alá, en el sentido de que *ala* mejor nos va a ir bien, *ala* mejor nos aumentan el sueldo, *ala* mejor me saco la lotería, *ala* mejor este país avanza, etcétera. Vivimos en la eterna espera de que las cosas mejoren y salgamos favorecidos. Además, el mediocre juega el papel de víctima circunstancial, siempre le echa la culpa a los demás de su fracaso.

El triunfador es siempre una parte de la respuesta; el perdedor es siempre una parte del problema.

El triunfador dice: "Podemos hacerlo"; el perdedor dice: "Ése no es mi problema".

*"El triunfador es siempre
una parte de la respuesta;
el perdedor es siempre una
parte del problema."*

El triunfador siempre tiene un programa; el perdedor siempre tiene una excusa.

El triunfador ve siempre una respuesta para cualquier problema; el perdedor ve siempre un problema en toda respuesta.

El triunfador ve una oportunidad cerca de cada obstáculo; el perdedor ve de dos a tres obstáculos cerca de cada oportunidad.

El triunfador dice: "Quizá es difícil, pero es posible"; el perdedor dice: "Puede ser posible, pero es demasiado difícil".

Si analizamos el salario de los altos ejecutivos debemos preguntarnos por qué ganan lo que ganan. Así, por ejemplo, el señor Lee Iacocca, director de la Chrysler, ganó en 1988, 40 millones de dólares que, convertidos a pesos mexicanos, dan algo así como 52 millones de pesos la hora laboral. Aquí cabría la pregunta: ¿lo contrataron porque había o no problemas en esa empresa? ¿Cómo se justifica su salario tan elevado? Por supuesto, en aquel entonces a la Chrysler si algo le sobraba eran precisamente problemas, pérdidas acumuladas por varios cientos de millones de dólares, una deuda de 2 000 millones, la calidad por el suelo y las ventas que dejaban mucho que desear. El objetivo de este hombre era precisamente encontrar las soluciones, razón que justificaba su presencia en esa organización. Usted se ha preguntado por qué lo contrataron en el actual trabajo que desempeña, ¿para ocasionar problemas o para resolverlos? Nadie contrata a alguien para que le cree problemas, sino para que encuentre soluciones. ¿Desea usted ascender en su organización?; si usted es dueño de su propia empresa, ¿desea que ésta progrese? El secreto es: resuelva los problemas que tiene actualmente y pida prestados algunos más a su jefe o a su cliente más importante; le aseguro que con esta conducta usted se convertirá en candidato al ascenso.

Si usted tiene algún problema, a continuación le voy a dar la mejor receta para resolverlo; además, le garantizo que después de aplicarla no habrá ya jamás problemas que le preocupen: "Muérase", y así lo tendrán sin cuidado la economía, la cotización del dólar, la contaminación, el trabajo, etcétera.

Es más, sin ser tan dramático, si mañana desea pasar un día sin problemas, no se levante de la cama, ni siquiera vaya al baño, hágase ahí mismo, no vaya a ser la de malas que cuando se levante se resbale y se accidente.

Los problemas vienen a representar los retos de la Excelencia, son la materia prima indispensable que justifica nuestra presencia en cualquier organización. A través de soluciones los seres humanos nos hacemos indispensables en una empresa, en una familia y en una nación; para llegar a ser un dirigente político, llámese senador, diputado, director de paraestatal o presidente de la República, hay que demostrar capacidad para encontrar las soluciones que aquejan a sus gobernados.

Así, en cualquier campo de la actividad humana, el líder muestra su verdadera calidad, en la medida que propicie soluciones efectivas a sus seguidores.

Además, debemos tener la consistencia del agua para tener éxito en la vida. Imagine que ponemos agua en un vaso, ¿qué forma toma el agua?, ¿y si la ponemos en un cenicero?, ¿o en una cubeta? Fácilmente nos percatamos de que el agua toma la forma del recipiente, y su esencia sigue siendo la misma. También el líder de Excelencia es aquel que se adapta a todas las circunstancias y sigue siendo bueno; no importan las adversidades, el buen líder siempre logra lo que desea. Si no, analice lo que logró Japón a pesar de no poseer los recursos de nuestro país, de ser una nación que hace 40 años fue materialmente destruida, hoy en día se erige a la par de la más poderosa del mundo, Estados Unidos de América.

Ser bueno a pesar de su jefe, empresa, momento económico nacional, su falta de recursos, etcétera, es el sello de los triunfadores, los que no esperan que las cosas mejoren para salir adelante, sino que con lo poco que tienen logran realizar sus sueños. Ése es el sello de los excelentes.

II
Ser excelente
es comprender que la vida no es algo que se nos da hecho, sino que tenemos que producir las oportunidades para alcanzar el éxito

"La buena suerte se da cuando coinciden la oportunidad con la preparación."

De cada diez oportunidades que se nos presentan en la vida una nos la ofrece la casualidad, la buena suerte, el amuleto que trae usted colgado en el cuello, pero las nueve restantes las produce el mismo que las anda buscando. Es bíblico: "El que busca encuentra"; a la buena suerte hay que salir a su encuentro, y quien insiste en lograr algo, produce las circunstancias buscadas. Si usted mantiene una actitud mental positiva, le aseguro que encontrará lo que busca.

Eisenhower decía: "Para aprovechar la buena suerte hay que estar preparado". Cuántas oportunidades se nos han escapado de las manos por falta de audacia, de conocimiento, de recursos, etcétera. Lo importante es estar alerta y además dispuesto a aprovecharlas.

Hay personas que *esperan* que las cosas sucedan y hay personas que *hacen* que las cosas sucedan; existen ejecutivos y ejecutados; la única diferencia está entre el que quiere encontrar y el que espera que las cosas salgan a su encuentro.

La mejor forma de iniciar un día es con la firme convicción de aprovechar todas las oportunidades que él mismo nos ofrezca. Para ello es necesario tener todos nuestros sentidos alerta para aprovechar todas las oportunidades; bajo esta dinámica hasta en las adversidades encontraremos una opción para sacar ventaja.

En todas las dificultades y adversidades que encontramos en nuestro camino existe una lección, una opción para obtener de las mismas una oportunidad de beneficio.

Recuerdo a un amigo que el día aciago en que nuestra ciudad se vio destruida por el sismo, el 19 de septiembre de 1985, se encontraba a bordo de su automóvil rumbo al aeropuerto para tomar un vuelo a las diez de la mañana cuando fue estremecido por el temblor; en ese momento pensó en uno de sus principales clientes y en los problemas en que se encontraba; desvió su vehículo para ir a ofrecerle ayuda y, por supuesto, además de auxiliarlo en momentos tan difíciles, obtuvo por su lealtad un cliente de por vida.

Aproveche los problemas y conviértalos en oportunidades; ahí radica la gran diferencia entre quien se deja abatir por la adversidad y quien obtiene de toda dificultad una opción para mejorar.

Inicie su día con una actitud mental positiva; ahí radica el secreto de sacar de cada día lo mejor.

Un espeleólogo, hombre aficionado a estudiar las grutas y cavernas, llevaba a su hijo de cuatro años a conocer por primera vez una cueva, en la cual el pequeño descubrió el eco arrojando una piedrecilla. El chico, sorprendido, gritó horriblemente y el eco le regresó el grito; gritó espantosamente y el eco le devolvió nuevamente el grito. El niño tembló de miedo ante lo desconocido, y le preguntó a su padre qué era esa resonancia. El padre, inteligentemente, lo tomó en sus brazos y le dijo: "Hijo mío, escucha nuevamente", y gritó: "Maravillosamente", y el eco le devolvió en sus muy diversas voces gritos bellos, "espléndido, extraordinario, hermoso", con iguales resultados; el niño sonrió y volvió a preguntar: "¿Qué es, papá?" Él le respondió: "Es la vida, hijo mío; como la llamas te con-

"Es la vida, hijo mío; como la llamas te contesta: pídele lo mejor y te dará lo mejor, pídele lo peor y te dará lo peor."

testa; pídele lo mejor y te dará lo mejor, pídele lo peor y te dará lo peor".

Si usted se levanta con la convicción de que le irá mal el día de hoy, le puedo predecir con seguridad los resultados; y si además consulta su horóscopo y éste le indica que hoy será un día lleno de dificultades, le aseguro los resultados negativos, y no porque los astros nos conduzcan a un futuro cierto, sino que nuestra mente se predispone y hace todo lo posible para que las cosas sucedan de acuerdo con nuestras expectativas: espere lo mejor y la vida le dará lo mejor. Para qué vivir del lado negativo; mejor predispongámonos a lo positivo y le aseguro que corre el riesgo de ser un triunfador, ya que en toda adversidad encontrará una opción para mejorar.

III
Ser excelente es comprender que con una férrea disciplina es factible forjar un carácter de triunfador

"Si cada uno de nosotros individualmente decide ser excelente, tenga la seguridad de que habrá un mediocre menos en el mundo."

La consistencia en la vida es la colegiatura que hay que pagar para lograr ascender a la cima; lo más difícil de lograr en una empresa es una calidad constante. Muchos empresarios inician con un producto de gran calidad; conforme va transcurriendo el tiempo, el producto o servicio se va deteriorando hasta que se convierte en una sombra de lo que en otros tiempos fue. También nuestros buenos propósitos que iniciamos un buen día van cayendo en el olvido y nuestra superación se queda en el recuerdo.

Lo reto a que se fije como meta ser 1% mejor cada día; el resultado, si fuéramos consistentes, sería lograr ser casi 400% mejores cada año. Bueno, qué le parece si se fija la meta de ser medio punto mejor el día de hoy en relación con el día anterior; con esa insignificancia de mejora seríamos cada año cuando menos 100% mejores.

"La Excelencia consiste en pensar en grande y comenzar en pequeño."

El secreto de la Excelencia en los negocios no consiste en ser 100% mejor que la competencia. Basta con que lograra ser 1% mejor en 100 cosas diferentes; 1% mejor en atención a nuestros clientes; 1% mejor en empaque; 1% mejor en facturación; 1% mejor en calidad, etcétera. Inténtelo, convenza a todo su grupo de tener todos los días un pequeño empuje hacia la superación: la Excelencia consiste en pensar en grande y comenzar en pequeño; un camino de 10 mil kilómetros se inicia con un primer paso.

La inconsistencia es el peor enemigo de la Excelencia. Si no, recuerde el fenómeno que sucede al inicio de cada año con las buenas intenciones. Los que deciden levantarse a partir del primero de enero a las 6 de la mañana para hacer ejercicio, el primer día es un tropel de bien intencionados, al mes queda la mitad y al tercer mes nos encontramos un solitario que seguramente no salió a correr, sino que tal vez apenas está llegando a su casa después de una noche de parranda. El acero se templa a altas temperaturas; para ser de Excelencia también necesita forjarse con una gran voluntad. Ahí se demuestra el carácter de los vencedores; rétese a sí mismo todos los días y someta su temperamento displicente a la forja de la voluntad de los triunfadores.

IV
Ser excelente
es trazarse un plan y lograr
los objetivos deseados
a pesar de todas
las circunstancias

"El que quiere lograr lo imposible
es más fuerte que el destino."

Todos los seres humanos, cuando intentamos lograr cualquier cosa en la vida, nos encontramos obstáculos que nos lo impiden, y entre mayor dificultad encontramos, mayor facilidad adquirimos. Los obstáculos nos significan los retos que debemos afrontar para hacer realidad nuestros sueños. Anotaba Albert Einstein: "Qué sería del mundo sin los soñadores"; con los que soñaron en su tiempo que el hombre podía volar, encender un foco, comunicarse a través de un cable, crear la radio, el telégrafo, etcétera. No solamente eran soñadores, sino que además eran pacientes, no en el sentido de esperar pacientemente a que las cosas sucedieran, sino que insistían incansablemente hasta lograr su objetivo. Muchos de ellos tuvieron que luchar ante la falta de recursos o la desaprobación generalizada, que los tachaba de locos, pues lo que intentaban en opinión de los demás resultaba imposible.

*"Qué sería del mundo
sin los soñadores."*

Tomás Alva Edison llegó a la bombilla incandescente después de 5 mil intentos. Imaginémoslo a la mitad de sus experimentos; de no haber sido un optimista consumado, lo hubiera dejado a la mitad del camino.

La excusitis es un mal nacional con el que nos protegemos y justificamos nuestra falta de voluntad para lograr nuestros objetivos. Tal vez a usted le ha sucedido, o lo ha observado: cuando un automovilista pone reversa y va a dar contra un poste, su primera reacción es voltear a ver si alguien lo estaba observando, y en sus labios se dibuja una sonrisa de disculpa, pues es evidente que el único culpable es él; a continuación se baja del automóvil, observa el daño a su vehículo y por supuesto al poste, y murmura para sí mismo: "Estúpido poste". Por supuesto, él piensa que no fue culpable, sino el desgraciado poste; además, quisiera saber quién fue el funcionario al que se le ocurrió ponerlo precisamente en ese lugar.

Resulta irónico: muchos de nuestros fracasos son de nuestra exclusiva responsabilidad, pero nos urge encontrar un responsable en quien descargar nuestros fracasos.

¿Qué merece un hombre que ha dejado el arado a la mitad del camino?, ¿qué merece el mediocre que al primer obstáculo deja de lograr sus metas?, ¿qué merece el ser que no sabe luchar por lo que desea? El ser excelente es aquel que lucha con un espíritu indomable, venciendo todos los obstáculos hasta llegar a la cima. Rétese a sí mismo a no abandonar sus propósitos por más adversidades que se encuentre; entre mayor sea la dificultad, más legítima es la victoria. Atrévase a llegar a la cima.

V
Ser excelente es saber decir "me equivoqué" y proponerse a no cometer el mismo error

"Hay quien acumula sabiduría
y quien acumula estupidez."

Existen seres humanos que acumulan sabiduría y otros, la mayoría, que sólo acumulan estupidez; los primeros son aquellos que ante un fracaso se preguntan en qué se equivocaron y asimilan la lección para no volver a cometer el mismo error; en cambio, los segundos son aquellos que siempre le echan la culpa a los demás: su fracaso fue producido por otros y nunca por ellos mismos.

El doctor Edward Deming, considerado el padre del milagro japonés, en la década de los cincuenta fue a enseñar a ese pueblo el control estadístico de la calidad —actualmente, la máxima presea que se otorga en esa nación a la empresa más destacada es precisamente el Premio Deming a la Calidad—, que establecía una regla fundamental: de 100% de las fallas que se dan en un departamento o en una empresa, 85% corresponde al líder del área y 15% al subordinado.

"Corrige al sabio y se hará más sabio, corrige al necio y te lo echarás de enemigo."

Resulta ciertamente doloroso que como líder yo sea el máximo responsable de las fallas en mi departamento o empresa, y más doloroso resulta a nivel familiar y peor aún a nivel nación, en la que nuestros dirigentes son los principales responsables de los actuales problemas; en cambio, qué cómodo resulta echarle la culpa a los demás.

El líder que humilla, desprecia o maltrata a sus subordinados (y esto es aplicable tanto a nivel familiar como a nivel empresarial o gubernamental) finca lo que se denomina "cuentas por cobrar", que tarde o temprano el humillado se cobrará, ya sea desquitándose con el producto o creando algún malestar a su líder, para darle en reciprocidad el maltrato recibido. A través de veinte años de entrevistar líderes, en muy diversos países, me resulta curioso que los líderes de Excelencia no me hablen de poder o de carisma, sino que el común denominador que he podido identificar es que todos ellos son aprendices por excelencia, tienen la rara habilidad de dejarse enseñar, y lo que es más curioso aún, permanentemente están aprendiendo de ellos mismos, de sus propios errores, a grado tal que después de cada error resurgen con mayor seguridad en ellos mismos por su sabiduría adquirida en la última experiencia.

El precepto bíblico es muy claro al respecto: "Corrige al sabio y se hará más sabio, corrige al necio y te lo echarás de enemigo".

El ser excelente está alerta permanentemente para aprender de sí mismo, tanto cuando tiene éxito como cuando fracasa, ya que está convencido de que para ser triunfador no se requiere que exista un derrotado pues para él la máxima conquista a la que se puede aspirar es a la conquista de sí mismo, y hace crecer permanentemente su ser, sabe que él es el principal responsable de sus aciertos y fracasos, y está convencido de que cada fracaso le permite surgir con mayor sabiduría y seguridad. Paga en esta forma la colegiatura diaria para ser un triunfador.

VI
Ser excelente es levantarse cada vez que se fracasa con un espíritu de aprendizaje y superación

"El desafío hace al líder de Excelencia y no hay desafío sin riesgo al fracaso."

Carlos A. Madrazo decía: "Conozco dos tipos de hombres: los que nunca fracasan y los que tienen éxito". Por supuesto, los primeros nunca fracasan porque nunca intentan nada; en cambio, los segundos acumulan tal cantidad de fracasos que a través de ellos aseguran el éxito.

Si usted solamente intenta lo que está seguro que le va a salir bien, le puedo predecir que logrará pocas cosas en la vida. Si intenta muchas cosas y algunas le salen bien, también le puedo predecir que usted será un triunfador.

Existe una empresa fabricante de alimentos enlatados que me llama la atención por su filosofía del éxito. Para lanzar un producto nuevo al mercado debe pasar previamente por una batería de mil pruebas para asegurar su éxito. Cuando se encuentra en la prueba número uno y el producto fracasa, hacen so-

"El fracaso asimilado hace el tejido, la textura del éxito. Los triunfadores saben que es el camino más seguro para lograr lo que deseamos."

nar una sirena y el altavoz empieza a anunciar que se encuentra ante un fracaso. Su razonamiento: "A la primera falló, le falta todo para perfeccionar y al primer intento ya localizamos en qué deberemos mejorar". Si el producto se encuentra en la prueba número 1 000 y falla, entonces en el patio de la empresa disparan un cañón con una bala de salva y echan a volar literalmente las campanas y el altavoz anuncia que se encuentran ante un fracaso extraordinario. Su razonamiento: "Están a un solo intento de lograr un producto de Excelencia". Esto refleja su espíritu de aprendizaje corporativo.

El fracaso significa la forma equivocada de hacer las cosas, y por contraste nos señala el camino de cómo se deben hacer para que obtengamos los resultados deseados.

Desafortunadamente, la mayoría de las personas se consideran productos perfectos. Ya no pueden mejorar y han perdido la capacidad de cambio para ser mejores. Recuerdo a una persona que en alguna ocasión me decía: "Antes me creía bueno, ahora estoy convencido de que soy perfecto", y es lo que denomino el síndrome del producto terminado, el ser que ha perdido la dinámica del cambio para superarse, y el que deja de mejorar deja de ser bueno.

El fracaso asimilado hace el tejido, la textura del éxito. Los triunfadores saben que es el camino más seguro para lograr lo que deseamos.

La madurez es la gran capacidad del ser humano de cambiar para ser mejor; el ser siempre joven es aquel que no ha detenido su crecimiento y día a día busca su superación; es el que sabe decir genuinamente cuando desconoce un tema: "No sé", y esto le allega una gran cantidad de información que lo enriquece y que le asegura su permanente desarrollo.

La Excelencia es cambiar para mejorar. Mejorar es madurar. Madurar es irse creando a sí mismo sin fin.

No se detenga, siga adelante. El crecimiento es permanente y en la vida el poder destacar solamente está permitido para aquellos que tienen la osadía de buscar su superación día con día. Hoy es el momento, aquí y ahora decida los cambios, sea humilde para aprender y le aseguro que la cima de la Excelencia estará a su alcance.

VII
Ser excelente
es reclamarnos a nosotros mismos
el desarrollo pleno
de nuestras potencialidades
buscando incansablemente
la realización

*"La vocación universal del hombre
es su propia y plena realización."*

Todos los seres humanos poseemos potencialidades y también limitaciones; un ser humano sin cualidades sería un monstruo y un ser sin defectos no sería humano, sería un querubín. Todos los seres humanos tenemos una vocación, un llamado a ser; el problema es descubrir esa potencialidad y posteriormente pagar la colegiatura para realizar plenamente ese ser.

Debemos preguntarnos con toda sinceridad: "¿Quién deseo ser? ¿Qué deseo lograr en la vida? ¿Qué quiero realizar? ¿Qué me gustaría hacer?" Estoy seguro de que hay cierto tipo de actividades que usted goza plenamente al realizarlas, y es ahí donde usted expresa plenamente su potencialidad. ¿Cuáles son?, ¿ya las identificó? Desafortunadamente muchas de esas tareas las tenemos relegadas como pasatiempo de fin de semana y esperamos ansiosamente un día de descanso para dedicarnos a aquello en lo que nos sentimos plenamente realizados. Claro que cuando se es infante y se logra identificar esa potencialidad se facilita su desarrollo; en cambio, cuando se es adulto el costo puede ser muy elevado, porque tal vez un cambio a esas alturas puede implicar sacrificios muchas veces, pero la alternativa sería: "¿Debo seguir realizando en forma por demás frustrante lo que no me gusta ser o debo arriesgarme a reclamar mi auténtica naturaleza?" Usted tiene la respuesta.

En un seminario que impartía a un grupo de 40 directores de una empresa internacional, uno de ellos me cuestionó en relación con el tema de la realización: "Lo que plantea —me dijo— puede ser muy peligroso; yo siempre me he considerado con vocación de ebanista y no de dirigente empresarial. ¿Qué debo hacer: renunciar y dedicarme a lo que me interesa?" Para contestar, formulé la siguiente pregunta al presidente corporativo ahí presente: "¿Quiénes deseas que dirijan la empresa: 40 directores frustrados o diez plenamente identificados y comprometidos con su labor?" Por supuesto, su respuesta fue que preferiría a los diez encontraban la realización diaria con su t. bajo.

Resulta doloroso que los seres humanos vivan frustrados por ser lo que no desean ser, hacer tareas que los llenan de ansiedad y angustia, y permanecer en el lugar donde no quieren estar.

Muchas veces como padres de familia cometemos el error de forzar a nuestros hijos a ser lo que no desean ser. Imagínese: el padre de Miguel Ángel Buonarroti quería que su hijo fuera comerciante, pero el hijo, desafiándolo, luchó por ser escultor, y qué escultor, uno cuya obra ha trascendido a través de los siglos. Pero cuántos, tal vez miles, no han tenido el valor de Miguel Ángel y se han muerto con todo su potencial dormido. El más usual de los epitafios reza así: "Fulano de tal nació, vivió y murió, y nunca supo para qué existió".

No se compare con los demás, pregúntese a sí mismo cuál es su verdadera vocación, y si ya la encontró pague la colegiatura de hacer de su ser un ser de Excelencia en la tarea elegida. En cuanto a sus empleados, descubra

"La realización es la expresión plena de nuestras potencialidades, y el único camino para lograr la Excelencia es tener el valor y el coraje de extraer lo mejor de nosotros mismos."

las potencialidades de cada uno de ellos y asígneles las tareas en que más se realizan; una de las más valiosas tareas de un líder es colocar a la gente adecuada en el puesto adecuado, y propiciar la realización de cada miembro de su equipo. Por supuesto, la calidad empresarial depende del cumplimiento de este principio, pues un trabajador que se identifica plenamente con su labor realiza un trabajo superior y de gran calidad.

La realización es la expresión plena de nuestras potencialidades, y el único camino para lograr la Excelencia es tener el valor y el coraje de extraer lo mejor de nosotros mismos.

Estoy convencido de que todos los seres humanos no somos fruto de la casualidad, sino que tenemos que cumplir con una misión, que es aportar en nuestro tiempo nuestra colegiatura generacional para que la humanidad avance. Si yo heredo a mis hijos un mundo igual al que me heredaron mis padres, mi existir fue en vano, y lo mismo hubiera sido haber nacido o no. En cambio, si mi aportación enriquece a mis sucesores habré justificado mi existir. Pregúntese: ¿está aportando un avance a su comunidad con el desarrollo de sus potencialidades?, ¿sus hijos son mejores que usted?, ¿su empresa o departamento ha sido enriquecido con su presencia?

Atrévase a vivir, a vivir plenamente de acuerdo con su ser, haga que su existir trascienda a través de su propia realización y sea impulsor, arquitecto humano de los demás, ayúdeles a descubrir su propia y auténtica naturaleza.

Desafortunadamente vivimos una inversión de valores en la que lo más importante es tener y no ser, y por tener un cierto nivel económico no somos lo que deseamos ser, hacemos lo que no nos gusta, permanecemos donde no nos agrada estar y todo nuestro ser auténtico se sacrifica por tener. La verdadera sabiduría es decidir cuánto debemos tener para poder realizar nuestro ser. Recuerde: los grandes próceres de la historia no se distinguieron por tener sino por ser. El derecho a aparecer en la historia no se puede comprar; los seres que hacen avanzar a la humanidad descubrieron que viviendo plenamente sus ideales y siendo congruentes con su ser y su hacer obtuvieron el derecho histórico a la posteridad.

Los seres excelentes son aquellos que viven apasionadamente su propia realización. Atrévase a ser de los que escriben la historia de las naciones.

VIII
Ser excelente es entender que a través del privilegio diario de nuestro trabajo podemos alcanzar la realización

"Hagamos de cada hora de nuestra existencia una obra magistral."

En alguna ocasión me preguntaban en una conferencia si creía en la reencarnación, a lo que yo contestaba que sí creía, pero en la reencarnación semanal, ya que había sido testigo en muchas ocasiones de la transformación de muchas personas el viernes por la tarde, quienes viven plenamente el sábado y el domingo empiezan a morirse nuevamente, y el lunes van como zombies arrastrando la cobija, deseando que cuanto antes vuelva a ser viernes por la tarde para reiniciar su transformación. A Erich Fromm le preguntaban: "¿Por qué el hombre no ama?" Y contestaba: "El hombre no ama porque duerme, desea estar muerto la mayor parte de su vida". El día de nuestro cumpleaños deberíamos vestirnos de negro y sentarnos en la piedra picuda a reflexionar qué hemos hecho de nuestras vidas. Lo único que poseemos es el presente; el tiempo es un recurso no renovable, el tiempo no lo podemos recuperar, no podemos agregar ni con todo el oro del mundo un día más a nuestra existencia, y la única opción que tenemos es vivir el día presente con toda la intensidad posible. El monumento a nuestro pasado es el día de hoy, deberíamos borrar de nuestra agenda el día de ayer y el de mañana; el ayer sólo nos sirve para aprender de nuestros éxitos y fracasos; el mañana lo debemos prever lo mejor posible, pero para lograrlo solamente tenemos una opción: el día de hoy, el día más importante de nuestra existencia, pues además nadie me puede asegurar que mañana lo viviré.

Entiendo que la más grande manifestación de la naturaleza humana es la creatividad. Los orígenes del ser humano a la luz de la teología es que fue concebido a imagen y semejanza de Dios, y Dios es el Ser por Excelencia, el Ser creativo, quien hizo la creación de la nada. El hombre tiene la opción de asemejarse a Dios todos los días a través de su talento creador; renunciar a este don es renunciar a nuestra propia naturaleza y es precisamente el trabajo diario la opción que tenemos para ser creativos. Desafortunadamente para muchos el peor castigo es tener que trabajar, cuando es un verdadero privilegio el tener la oportunidad de ser útiles.

En un encuentro empresarial México-Japón se le preguntaba a los japoneses cuál era la diferencia entre un trabajador mexicano y un trabajador japonés. Después de mucho deliberar contestaron que solamente encontraban una diferencia: "La actitud hacia el trabajo". Para algunos mexicanos trabajar es una dolorosa carga; en cambio, para el trabajador japonés es un auténtico privilegio. Los orígenes de esta deformación hacia el trabajo es que tradicionalmente lo hemos considerado algo doloroso y pesado, cuando es un privilegio el tener todos los días la oportunidad de hacer cosas útiles para sí mismo y para los demás. Usted seguramente ha sido testigo del abatimiento en que viven la mayoría de los jubilados; antes de su retiro se lamentaban amargamente de su trabajo diario, pero qué cruel fue el despertar cuando ya no tuvieron la oportunidad de volver a sus tareas cotidianas; la frustración y el vacío que a muchos les ha costado la vida misma. En cambio, cuando se dedican después de su retiro

"El hombre tiene la opción de asemejarse a Dios todos los días a través de su talento creador."

a alguna actividad que los absorbe por completo recuperan la alegría de vivir, por una sola causa: se volvieron a sentir útiles.

Cuando vea el amanecer de cada día piense en la interesante aventura que está a punto de iniciar. Todos los días son diferentes, y si logramos incorporar a nuestra filosofía el deseo de vivir el día de hoy intensamente, dando lo mejor de nosotros mismos, le aseguro que será para usted un placer trabajar, y está usted en camino cierto de lograr expresar lo mejor de su ser. Ahí está la dirección para alcanzar la Excelencia. A Miguel Ángel Buonarroti el mismo día de su muerte le encontraron el cincel entre sus manos, porque seguramente estaba convencido de que ese día lograría la Excelencia en la escultura que iba a iniciar.

Un requisito indispensable y obvio para descansar es estar cansado. Regrese cada día a su casa con la satisfacción de haber dado su mejor esfuerzo en todo lo que realizó y habrá descubierto el secreto de los seres excelentes: que en el privilegio diario de nuestro trabajo está la opción para nuestra realización.

IX
Ser excelente
es crear algo: un sistema, un puesto, una empresa, un hogar y una vida

*"El ser humano es a imagen de Dios
y se hace semejante cuando es creativo."*

Cuando concluía una de sus grandes obras maestras, el *David*, le comentaban a Miguel Ángel Buonarroti que a su obra solamente le faltaba hablar, pues la escultura poseía tal perfección que en cualquier momento parecía que se iba a empezar a mover como si tuviera vida propia, a lo que él contestó humildemente que la mejor de sus obras no se podría comparar con una mujer dando a luz; ahí sí existía la perfección de una escultura viviente.

¿Se ha puesto a reflexionar que la máxima manifestación de nuestra potencialidad creadora está en la concepción de un ser humano que a las ocho semanas de gestación ya es un ser completo y que, además, cuando sale a la luz, inicia una permanente transformación y se va esculpiendo a sí mismo durante toda la vida?

Piense en cómo se ha sentido cuando se le ha ocurrido una idea; una vez que la lleva

"Los seres excelentes son aquellos que están intentando hacer las cosas siempre en forma superior. Desafíese a sí mismo y sueñe con cambios de orden superior y luche incansablemente por lograrlos."

a la práctica, el grado de satisfacción es extraordinario. La parte fecunda de nuestro ser está en ser creativos, nos hace sentir útiles y al mismo tiempo nos alienta a buscar más y más ideas.

Pero qué es la creatividad. En su origen, el ser creador es el que hace de la nada y eso solamente Dios; los seres humanos más bien alteramos el orden establecido y es la esencia de los procesos creativos, pues de hecho ya todo existe en la misma naturaleza: el átomo, la energía, la luz, etcétera, y el ser creativo lo único que hace es alterar ese orden para concebir una nueva forma o aplicación.

El auténtico ser creativo es aquel que descubre problemas y que, por supuesto, al momento de concebirlos no conoce las soluciones, pero trabaja apasionadamente para encontrarlas. Por ejemplo, el ser que concibió la idea de que el hombre podía volar, por supuesto que no conocía la solución, y en qué gran cantidad de problemas se metió para poder lograr convertir en realidad su sueño. Al que descubrió la telefonía le llevó años encontrar la solución a su idea, y lo mismo les pasó a todos los seres creativos que han hecho avanzar a la humanidad. El mismo descubrimiento de América llevó a Cristóbal Colón a meterse en muchos problemas para demostrar que existía una nueva ruta hacia las Indias y por casualidad encontró un nuevo continente, para lo cual tuvo que desafiar muchos obstáculos propios de su tiempo.

Cuando usted decide lanzar un nuevo producto en su empresa, desarrollar un nuevo sistema de trabajo, crear un nuevo puesto en la compañía, está usted desafiando el orden establecido y seguramente habrá gente en su organización que se oponga a sus proyectos, pero gracias a estos cambios la empresa avanza. Los que van a la vanguardia en las organizaciones son aquellos cuya consigna es descubrir, inventar problemas; por supuesto, la creatividad tiene opositores, pues las ideas son como una piedra lanzada cuesta arriba en contra de las costumbres y hay mucha gente a la que los cambios le causa pánico, pues altera sus hábitos tradicionales.

Pregúntese: ¿podría mejorar su empresa?, ¿en su trabajo diario habría alguna forma de mejorarlo?, ¿sus actuales sistemas operativos podrían ser eficientados?, etcétera. Le aseguro que sí; siempre hay una mejor forma de hacer las cosas, y no solamente en el ambiente laboral. Pregúntese también: ¿su calidad de vida podría mejorar?, ¿sus relaciones familiares podrían ser más cálidas y afectivas?; en cuanto a su relación con su pareja, ¿podría mejorar? Invente problemas, métase en líos, sueñe con ser mejor y hacer en forma excelente todo lo que realice; los seres excelentes son aquellos que están intentando hacer las cosas siempre en forma superior. Desafíese a sí mismo y sueñe con cambios de orden superior y luche incansablemente por lograrlos.

X
Ser excelente es ejercer nuestra libertad y ser responsable de cada una de nuestras acciones

*"Libre no es aquel que hace lo que quiere,
sino que hace lo que debe hacer."*

Muchas veces concebimos la libertad como un "no me exijan", "hago lo que se me pega la gana", "soy libre y hago lo que quiero". Hay quien confunde libertad con libertinaje, puesto que no es libre aquel que hace solamente lo que *quiere* hacer, sino que la auténtica libertad se manifiesta en aquel que hace lo que *debe* hacer. Muchos identifican la libertad con aquellas actividades que no los comprometen. A través de los años he llegado a comprender que el ser humano ejerce su libertad a través de comprometerse con lo que ama; así, por ejemplo, un ser humano es libre de casarse o no, pero si decide casarse se asume automáticamente el compromiso de realizar y hacer feliz a su pareja; se es libre para tener un hijo o no, pero si se decide tenerlo se asume la responsabilidad de formar integralmente a un ser humano; se es libre para decidir entrar a trabajar a tal o cual empresa,

"La libertad se ejerce participando, comprometiéndonos con aquello que amamos. La libertad sin compromiso no existe."

pero si decidimos entrar a trabajar adquirimos el compromiso de realizar una labor cuidadosa y diligente, etcétera. La libertad va acompañada invariablemente de la responsabilidad. En Estados Unidos se debería erigir, junto a la Estatua de la Libertad, la Estatua de la Responsabilidad.

Solamente el ser responsable identifica al verdadero sentido de la libertad. El líder, ya sea empresarial o gubernamental, al momento en que es colocado o puesto a representar a un sector de la sociedad debe asumir la responsabilidad que esto conlleva; de lo contrario, no ha entendido la dimensión de su función.

La libertad es sin lugar a dudas el valor nacional más importante que poseemos, por la cual han muerto en el pasado tantos compatriotas para heredarnos una nación libre, y así como ellos ofrendaron su vida por un ideal, los ciudadanos de hoy tenemos que entender que pertenecer a esta nación nos compromete parte de nuestra libertad pagando el costo social a través de nuestra participación activa, el pago de nuestros impuestos, el respeto a un orden jurídico, la colaboración en los proyectos de reconstrucción o de rescate de los valores nacionales, en toda tarea en que se haga necesaria nuestra intervención para cumplir el compromiso que debemos asumir todos los que queremos pertenecer a este país.

La libertad se ejerce participando, comprometiéndonos con aquello que amamos. La libertad sin compromiso no existe. Los seres humanos llevamos en nuestra propia naturaleza la esencia de la libertad: un ser puede ser encarcelado, privado de la libertad física, pero difícilmente lo pueden privar de su libertad espiritual, de la libertad de su pensamiento.

El ser excelente ejerce su capacidad de decidir, defiende con la vida misma su derecho a la libertad, pues sin ella no podría vivir; asume, por supuesto, el compromiso que ello significa, se compromete en primer lugar consigo mismo para realizar su propio ser y asume la responsabilidad de su propia vida, ya que en lo que logre o en lo que deje de realizar se identifica a sí mismo como el único responsable, y por lo tanto libera a los demás y no los culpa de sus fracasos.

Él se sabe su propio arquitecto, su hacedor, asume ante la sociedad su propia responsabilidad y se hace corresponsable con su gobierno a través de su participación activa; sabe a lo que equivale el pacto del silencio, de la no participación, que es tanto como dar su aprobación ante las injusticias que lo rodean.

El ser excelente solamente se puede dar en un marco de libertad, indispensable para estar en posibilidades de realizar plenamente todas y cada una de sus potencialidades.

XI
Ser excelente es sentirse ofendido y lanzarse a la acción en contra de la pobreza, la calumnia y la injusticia

*"Las ideas te harán fuerte;
los ideales, invencible."*

El ser excelente está profundamente incorporado a su comunidad, se sabe parte de ella y entiende que los males que la aquejan son responsabilidad de todos sus miembros. Winston Churchill le decía al pueblo inglés en plena segunda guerra mundial: "Si cada inglés cumple sola y exclusivamente con su deber hundiremos al reino", lo que significa que no basta con que cada quien cumpla fielmente con sus responsabilidades personales, familiares y laborales, sino que además debemos hacer ese algo más para poder preservar nuestra sociedad y nuestros valores.

El ser excelente sabe lo que significa el sentimiento de pertenencia a una nación. Recuerdo en especial mi reciente visita de investigación a Israel. Me encontraba en el mar Muerto, que está a 380 metros bajo el nivel del mar, con un calor espantoso, el termóme-

"El ser excelente está profundamente incorporado a su comunidad, se sabe parte de ella y entiende que los males que la aquejan son responsabilidad de todos sus miembros."

tro marcaba 40°C sin brisa alguna, el lugar desértico e inhóspito; de ahí proviene su nombre, mar Muerto, porque aquello está muerto, en ese mar no se da absolutamente nada que no sea sal. ¡Llegamos a un kibutz, pequeña comunidad agrícola con unas cuantas hectáreas sembradas en la mitad del desierto! Salió a mi encuentro su director, que era el prototipo del israelita que ha ido a colonizar ese territorio, y reproduzco a continuación el diálogo que sostuve con él:

P. ¿Dónde nació usted?
R. En Canadá.
P. ¿Qué hacía usted en Canadá?
R. Lo mismo que aquí: era granjero.
P. ¿Cuánto ganaba en aquel país?
R. Aproximadamente 7 mil dólares mensuales.
P. ¿Cuánto gana actualmente en Israel?
R. Mil dólares mensuales.
R. ¿Es usted casado y qué edad tiene?
R. Tengo 58 años, efectivamente soy casado y tengo tres hijos.
P. Tengo entendido (le dije) que en Israel todos los jóvenes, hombres y mujeres, deben prestar tres años obligatorios de servicio

militar; ¿sus hijos ya prestaron ese servicio?

R. Sí, todos. Tenía cuatro. Uno de ellos murió hace cinco años en el frente de guerra. Es duro despedirse de los hijos y no saber si los va a volver a ver.

P. Entiendo, como padre que soy, que la ley de la naturaleza nos pide ver a nuestros padres morir, pero me imagino que ha de ser terriblemente doloroso ver morir a un hijo. ¿Cuál es su experiencia?

R. Es terrible; se muere gran parte de uno mismo.

P. El Estado de Israel también le pide a los adultos que presten servicio militar 30 días al año.
¿Usted cumple con esa obligación?

R. Tengo 58 años y tengo 20 consecutivos que le tengo que decir adiós a mi esposa sin tener la seguridad de saber si volveré.

P. ¿Cuántos años lleva en este kibutz y cuántas familias forman la comunidad?

R. Vivimos aquí 20 familias y tengo cerca de diez años de estar en esta comunidad.

P. ¿Qué tierra les entregaron cuando vinieron a colonizar esta zona?

R. Era solamente desierto; nos tocó vivir los dos primeros años en campamentos provisionales y lo verde que observa es el resultado de años de paciencia y cuidados.

P. (Finalmente no pude más y le pregunté con angustia.) ¿Me puede explicar por qué dejó Canadá por este desierto, sacrificó sus ingresos personales, sus hijos corren un riesgo de muerte?, ¿por qué después de haber perdido a un hijo usted permanece aquí?, ¿por qué se arriesga usted todos los años a morir?, ¿cómo soporta este clima y tantas adversidades?, ¿por qué?

R. (Se arrodilló, tomó un poco de arena, abrió mi mano y la depositó en ella.) Ésta es mi nación, es el lugar al que pertenezco, es la única herencia que le puedo dejar a mis hijos, es la libertad, un lugar de pertenencia, es la tierra de mis antepasados, es la tierra donde he venido a sembrar mis ideales, mi propia historia.

En ese momento me quedé reflexionando: ¿los mexicanos amamos a nuestra nación?, ¿entenderemos lo que significa el sentimiento de pertenencia?, ¿entenderemos que esta nación es nuestro origen, el lugar de donde nos alimentamos, el lugar en que vivieron nuestros antecesores, el lugar que nos educó?, ¿entenderemos que éste es nuestro lugar? México para mí es mi trabajo, la educación recibida, es mi esposa, son mis hijos, son los alimentos de todos los días, son mis amigos, es la libertad, es la tierra de mis padres, es mi hogar; México también es dos millones de niños abandonados, millón y medio de indígenas deambulando por la ciudad; México también es 15 millones de marginados, sin futuro ni posibilidades; México también es el lugar donde, de cada diez niños, siete no terminan la primaria, y uno de cada 200 niños puede llegar a cursar estudios profesionales; y eso nos debe ofender profundamente por todos aquellos seres que no tuvieron la opción de descubrir sus potencialidades, y nos debe mover a la acción para abatir esa pobreza infrahumana, por erradicar la injusticia que explota al desamparado, contra una autoridad que no ha entendido en muchos años su función de equidad y justicia.

El ser excelente lucha incansablemente, compromete su vida misma por lograr una nación superior, combate la pobreza educando al indigente, creando fuentes de riqueza y prosperidad, defiende por todos los medios a su alcance la verdad y no tolera la injusticia, es un luchador invencible con una estrella en sus manos.

XII
Ser excelente es levantar los ojos de la tierra, elevar el espíritu y soñar con lograr lo imposible

"Un pensador muere en un día, un soñador vive eternamente."

"Qué sería del mundo sin los soñadores". Los que soñaron que lo imposible podría ser posible, los optimistas obsesionados que desafiando los obstáculos, la crítica y muchas veces a riesgo de perder su propia vida soñaron en lograr una meta, y más aún aquellos que por realizar un ideal lo arriesgan todo. Con ellos está en deuda la humanidad, y son también a quienes recordaremos con gratitud durante muchas generaciones, los que nos heredaron la libertad, la igualdad entre los hombres, los que vencieron a las tiranías y entregaron a las nuevas generaciones un mundo superior.

Creo que el verdadero infierno no es un lugar en llamas lleno de martirios, sino que el verdadero tormento del ser humano es un corazón vacío, sin ideales, como un pozo seco, guarida solamente de alimañas; ese vacío existencial que atormenta al ser humano

"Un ser idealista es como un sol que calienta, que ilumina e irradia todo su entorno."

en una soledad sin sentido, del que huye el hombre y trata de llenar en vano, algo imposible de satisfacer a menos que sea con ideales. Un ser idealista es como un sol que calienta, que ilumina e irradia todo su entorno por la lucha que lo consume y lo hace trascender.

"Debe tenerse presente que la tragedia en la vida no reside en no lograr sus objetivos, la tragedia consiste en no tener objetivos por lograr; no es ninguna desgracia morir con sueños incumplidos, sí lo es en cambio no soñar. No hay desdicha alguna en no llegar hasta las estrellas a las cuales dirigirse; no es el fracaso, sino la pobreza de espíritu, la que constituye el auténtico fracaso", decía Benjamín Mays.

El ser excelente tiene los pies bien puestos sobre la tierra, conoce su realidad y la de su entorno pero no deja de ser un soñador. Hay seres que llenan su vida de vacío, y su visión del mundo no va más allá de sus narices y su propia comodidad; viven para no aburrirse y dilapidan su vida sin sentido.

Nietzsche decía: "El que tiene por qué vivir siempre encontrará el cómo". El ser idealista tiene por qué vivir, un sueño por el cual luchar; su vida es fecunda y trasciende a su tiempo. Tal vez algunos no logren en vida alcanzar sus ideales, como fue el caso de Francisco I. Madero, que nunca vio consolidar su sueño de la democracia, pero su herencia nos marca una huella en la historia para otros soñadores que seguimos luchando por ese ideal.

El ser excelente es un soñador incorregible, sus pies están en la tierra, pero su corazón está en las estrellas; los seres excelentes son los que logran los imposibles. Atrás de cada gran proyecto, empresa o nación hay líderes de Excelencia que han consagrado su vida por alcanzar un sueño. Decídase a ser un idealista y su vida cobrará una fuerza incontenible, y recuerde que todos los grandes movimientos se iniciaron como brisas y se convirtieron en auténticos ciclones. Elija una causa y luche incansablemente; su ser tendrá sentido y le dará una razón por la cual vivir; el idealista hace posible lo que para otros es imposible.

XIII
Ser excelente es trascender a nuestro tiempo legando a las futuras generaciones un mundo mejor

"Vivir en la excelencia nos hará permanecer por siempre en las futuras generaciones."

El amor tiene aromas, y si no lo cree, recuerde cuando llega a la casa de sus padres y huele a ellos; cuando besa a su hijo tiene un aroma inconfundible para usted; así cada ser humano tiene su propio aroma. Hay quien al morir a mucha gente le deja su aroma, lleno de gratitud y tan especial que lo recordamos por siempre. Así también el ser excelente, cuando deja este mundo, su recuerdo es insustituible, sus valores e ideales trascienden generación tras generación. El ser humano que conceptualiza la Excelencia y la incorpora a su vida sabe que tiene una misión histórica que cumplir. No nos desgarremos las ropas por las condiciones del mundo actual y no nos preocupemos por el mundo que heredaremos a nuestros hijos; más bien ocupémonos en qué hijos vamos a heredar al mundo; que nuestros hijos, trabajadores, alumnos, todos aquellos en quienes tenemos influencia sean por-

*"Seres que marquen
senderos, que encaucen
el logro de ideales."*

tadores de nuestra esencia, de valores superiores que hagan avanzar a la comunidad a que pertenecemos.

¿Se ha preguntado por qué se tiene un hijo? Desde luego no se puede pensar en traer a un ser humano nada más para engordarlo como ganado, sino que es a través de nuestra descendencia como contribuimos al avance de la humanidad.

Ahora más que nunca se requieren seres humanos que estén por encima del caos. Son los indispensables para lograr construir una sociedad superior, seres que no se limiten nada más a criticar lo que está mal, sino seres que marquen senderos, que encaucen el logro de ideales. Nuestra nación ha podido avanzar gracias a los pocos mexicanos que han entendido su compromiso histórico. Una empresa o nación mediocres lo son porque sus líderes han sido guías de la mediocridad y la corrupción.

México ya no es el México de hace diez años, ni el de hace cinco, ni el de hace uno. Es el de ahora, y ahora más que nunca se requieren líderes comprometidos con ellos mismos y con su nación. Ahora es nuestro turno, nos urgen líderes auténticos que no se vendan al poderoso, ni trafiquen con sus valores. Hombres y mujeres dispuestos a morir de pie en defensa de sus ideales, que vivan de acuerdo con sus convicciones y que estén dispuestos a heredar un México mejor.

Una nueva generación de líderes que sustenten la honestidad como aval de cada una de sus acciones, la justicia y la equidad como expresión máxima de su poder, que promuevan las fuentes de riqueza para erradicar la miseria, que sean paladines de la libertad propiciando la realización plena del ser humano; líderes que nos enseñen con su congruencia y derramen cultura para liberarnos de la esclavitud de la ignorancia, líderes que comprendan el significado del amor y que ellos mismos sean testimonios de la bondad humana.

Líderes de Excelencia de esta talla son los que necesita el mundo y los reclama Dios.

Una metáfora final:
"Y Dios preguntó al hombre"

En la soledad de mi habitación, tratando de entender al mundo y a la humanidad, escuché una voz que me preguntó:

D. ¿Quién eres?
H. Soy un profesionista —contesté.
D. Te he preguntado quién eres, no a qué te dedicas.
H. Soy una persona casada.
D. Te he preguntado quién eres, no si estás casado.
H. Soy el padre de tres hijos.
D. Te he preguntado quién eres, no cuántos hijos tienes.

Así siguió cuestionándome; respondiera yo lo que respondiera, no podía dar una respuesta satisfactoria a la pregunta "¿Quién eres?" Imaginé que la voz que preguntaba era Dios, y contesté:

H. Soy cristiano.

D. Te he preguntado quién eres, no cuál es tu religión.

Insistí y agregué:

—Soy una persona que va a la iglesia y que ayuda a los pobres y a los necesitados.

D. No te he preguntado cómo tranquilizas tu conciencia, sino quién eres —y añadió—: ¿No te das cuenta de que eres un ser humano, hijo del amor y heredero de la grandeza de Dios? Yo deseo comprender al hombre, pero hay cosas que me confunden; te pido que ahora tú me ayudes, contestando algunas de mis preguntas. Tal vez en tus propias respuestas puedas encontrar lo que buscas.

Asustado, le dije:

—Señor, ¿qué quieres de mí?, ¿qué te puedo decir yo que tú no sepas?

D. ¿Qué han hecho los seres humanos con ese don que refleja la divinidad, la máxima expresión de Dios, al que ustedes han llamado creatividad?

H. Señor, hemos realizado grandes avances científicos y tecnológicos: robots, computadoras, inteligencia artificial; hemos alcanzado otros planetas con nuestras máquinas espaciales; en fin, hemos creado una tecnología que ha hecho progresar al mundo.

D. No lo dudo —me contestó—. ¿Por qué máquinas para matar y destruir? ¿Por qué cámaras de gases y armas biológicas? ¿Por qué medios enajenantes que embrutecen a lo mejor de mi creación?

H. Señor —repliqué—, hemos hecho muchas cosas buenas, por ejemplo, en medicina: los seres humanos vivimos mucho más tiempo que cuando tú nos creaste originalmente. La longevidad se ha incrementado y el mundo es más feliz por ello. Tal vez hasta alcancemos en un futuro la inmortalidad.

D. Han avanzado en materia de longevidad, sí, pero explícame qué han hecho con mi más grande obra maestra, el cuerpo humano. Lo han corrompido y ridiculizado y lo exhiben con morbo, como algo bajo. En él puse todo mi talento y ustedes se han encargado de degradarlo. Y a esa maravilla que es el cerebro, con su potencia infinita, lo han drogado con enervantes, convirtiendo a los seres humanos en despojos, transformando la inteligencia en imbecilidad.

H. Pero, Señor, todos los días buscamos nuestra propia perfección.

D. ¿Perfección?, ¿llaman perfección a la elaboración de drogas y a las técnicas quirúrgicas que acaban con la vida humana? Veo tu aberrante tecnología destruir, en el vientre de una madre, una vida antes de nacer, desgarrando cuerpos herederos de Dios y arrojándolos a la basura. Ustedes le llaman aborto, yo le llamo asesinato. ¿Es eso ejercer la libertad? ¿Acaso entiendes lo que ésta significa?

H. Señor, hemos ido avanzando en la democracia. Bueno, algunos países apenas se están emancipando de la esclavitud del comunismo, pero el mundo camina hacia la libertad.

D. ¿A eso le llamas libertad? La libertad no es un sistema político en el que unos pocos explotan a otros, ni es para que cada quien, con el pretexto de ser libre, haga lo que se le pegue la gana.

Hijo mío, entiende: libertad es sobre todo responsabilidad.

H. ¿Responsabilidad ante quién?

D. Ante ti mismo.

H. ¿Por qué es importante la responsabilidad?

D. Todo lo que yo te he entregado es para que fructifique, en ti se sintetiza toda la Creación. Eres una auténtica obra maestra pues tu potencialidad es infinita.

H. Entonces, ¿por qué cometemos tantos errores?

D. Te he dado la capacidad de equivocarte para que nunca dejes de aprender; te he dado la opción de incurrir en injusticias para que, ofendido, te levantes y luches por un espíritu superior, forjando un mundo mejor. Te he dado la máxima manifestación de amor, que es tu capacidad de perdonar; en la medida en que perdones, crecerás en el amor; además, deseo que cumplas tu misión histórica.

H. ¿Una misión? ¿Cuál es mi misión?

D. Que trasciendas a tu tiempo, que enfrentes tu compromiso de vivir y tu compromiso de amar. No te he dado vida para que la desperdicies y vivas casualmente y en la mediocridad.

H. ¿Con qué debo comprometerme? —repliqué.

D. Con un valor superior que se llama fraternidad. Quiero que tú crezcas en el amor y que aprendas a dar y dar hasta que duela.

H. ¿Dar hasta que duela? No entiendo —repliqué.

D. Si solamente das lo que te sobra, jamás conocerás la generosidad. Da lo mejor de ti mismo, entonces sabrás lo que es el amor auténtico.

H. ¿A quién debo dar, Señor?

D. A ese niño abandonado que ahora deambula por las calles de tu ciudad, ese ser que necesita de alguien que lo ame, que necesita comer y que esta noche, tal vez, tenga que recurrir a la inhalación de cemento para olvidar su hambre y su falta de amor, y cuya única compañía sea, quizá, un perro vagabundo. Búscalo, descubre todo el ser potencial en él y ámalo, como si fuera tu hijo.

H. Pero, Señor, yo tengo mis propios hijos.

D. ¡BASTA! No acabas de entender que todos los seres humanos son hijos míos y, por tanto, hermanos entre sí. Debes enfrentarte a ti mismo y a tu capacidad de amar: es el único camino a tu realización plena.

H. ¿Cómo amar a todos, Señor?

D. Sal, ¡AHORA!, al encuentro de ese hijo tuyo abandonado, de esa anciana en su soledad, de ese hombre sin trabajo, de aquel a cuyo corazón envilece el odio y el rencor, de esa jovencita que aborta, de ese campesino con las manos callosas, sin esperanzas y abandonado. Atrévete a amar, a darte plenamente, a trascender a tu tiempo. Cuando vuelvas a mí, quisiera ver tu esencia, que es el amor.

Se hizo un largo silencio y agregó: —¿Te puedo pedir algo?

H. Deseo con todo el corazón servirte. Dime, Señor.

D. Hijo mío, estoy decepcionado con todo lo que ha hecho el hombre. Esta noche quisiera tener tu compromiso de amor, de entrega, de lucha. ¿Quieres comprometerte a amar, para que yo, tu Dios, pueda volver a creer en ti?

Lic. Miguel Ángel Cornejo y Rosado

Esta obra se terminó de imprimir
en enero de 1997, en
Impresora Lozada, S.A.
Javier Rojo Gómez 551
México, D.F. 09400

La edición consta de 5,000 ejemplares